EASTER
COLOR BY NUMBER

This Book Belongs To:

_____

1 WHITE   **2 YELLOW**   **3 PURPLE**
4 GREEN   **5 LIGHT PURPLE**   **6 PINK**

1 WHITE   2 BLUE   3 YELLOW
4 PINK   5 GREEN   6 PURPLE

1 PINK **2 BLUE** **3 PURPLE** **4 BROWN**
5 DARK BROWN **6 GREEN** **7 LIGHT GREEN** **8 WHITE**

1 BLUE 2 PINK 3 LIGHT PINK 4 GRAY
5 BROWN 6 DARK BROWN 7 LIGHT PURPLE 8 BLACK
9 RED 10 LIGHT RED 11 WHITE 12 YELLOW 13 PURPLE

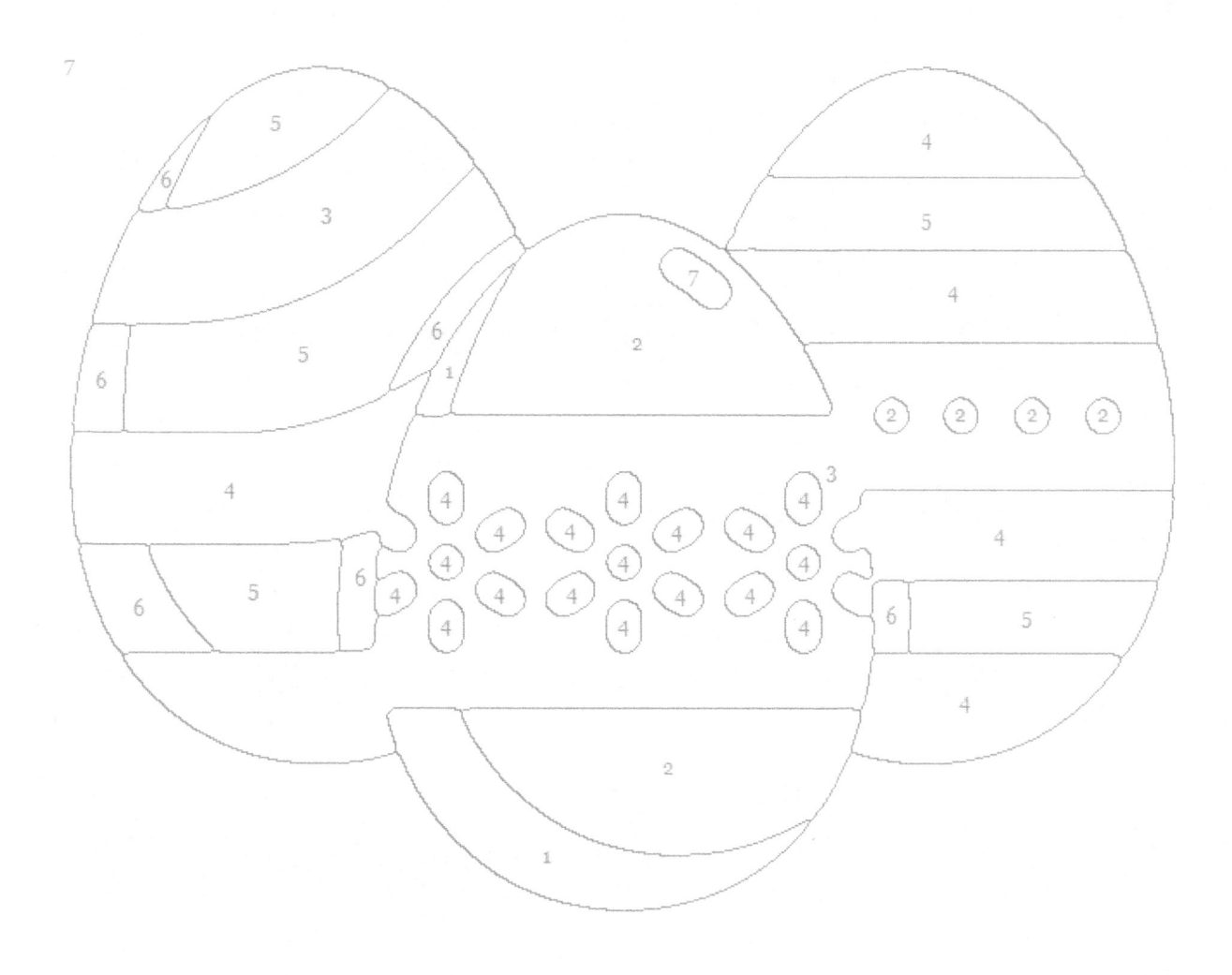

1 DARK YELLOW **2 YELLOW** **3 BLUE** **4 PINK**
5 LIGHT BROWN **6 BROWN** **7 WHITE**

1 DARK BROWN 2 BROWN 3 WHITE
4 GRAY 5 PINK 6 BLUE

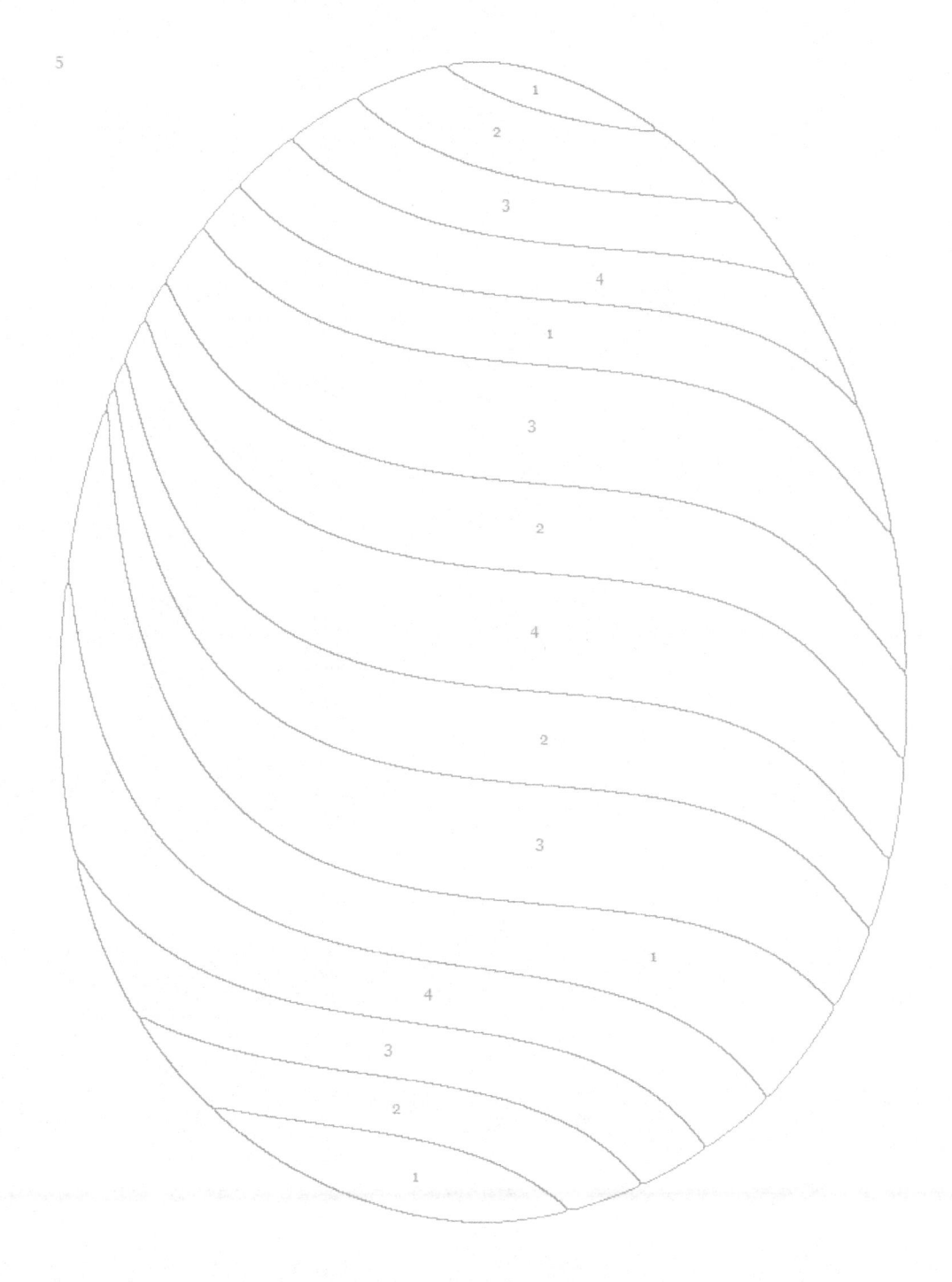

1 PINK   **2 YELLOW**   **3 BLUE**
4 PURPLE   **5 WHITE**

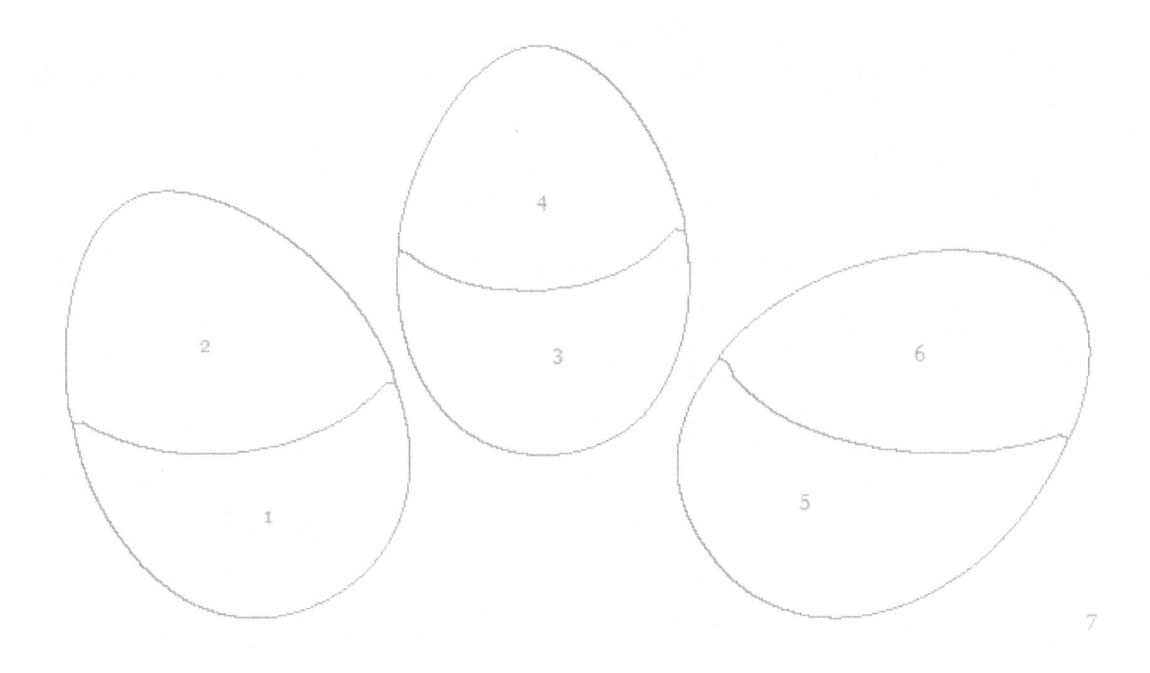

1 PURPLE   2 LIGHT PURPLE   3 BLUE   4 LIGHT BLUE
5 YELLOW   6 LIGHT YELLOW   7 WHITE

1 WHITE   **2 DARK BROWN**   **3 GREEN**
4 BROWN   **5 GRAY**   **6 DARK GRAY**

1 BLUE 2 GREEN 3 YELLOW
4 PINK 5 PURPLE 6 WHITE

1 WHITE   **2 BLACK**   **3 YELLOW**
4 GREEN   **5 PINK**   **6 BLUE**

1 BLACK   **2 WHITE**   **3 LIGHT YELLOW**
4 YELLOW   **5 RED**   **6 ORANGE**

1 RED   2 PINK   3 YELLOW   4 ORANGE
5 BLUE   6 BLACK   7 GRAY   8 WHITE

1 GREEN   2 LIGHT GREEN   3 BLUE   4 LIGHT BLUE
5 RED   6 PINK   7 YELLOW   8 ORANGE
9 BLACK   10 WHITE

1 GRAY **2 LIGHT GRAY** **3 WHITE** **4 YELLOW**
5 PINK **6 GREEN** **7 BLACK**

1 GRAY   2 LIGHT BROWN   3 BROWN   4 RED
5 PURPLE   6 GREEN   7 BLUE   8 PINK
9 BLACK   10 WHITE

1 GREEN   2 BLUE   3 RED   4 YELLOW
5 PURPLE   6 PINK   7 BROWN   8 LIGHT BROWN
9 DARK YELLOW   10 DARK RED   11 BLACK   12 WHITE

1 BROWN **2 DARK YELLOW** **3 YELLOW** **4 LIGHT PINK**
5 PINK   **6 DARK BROWN**   **7 DARK GRAY** **8 WHITE**

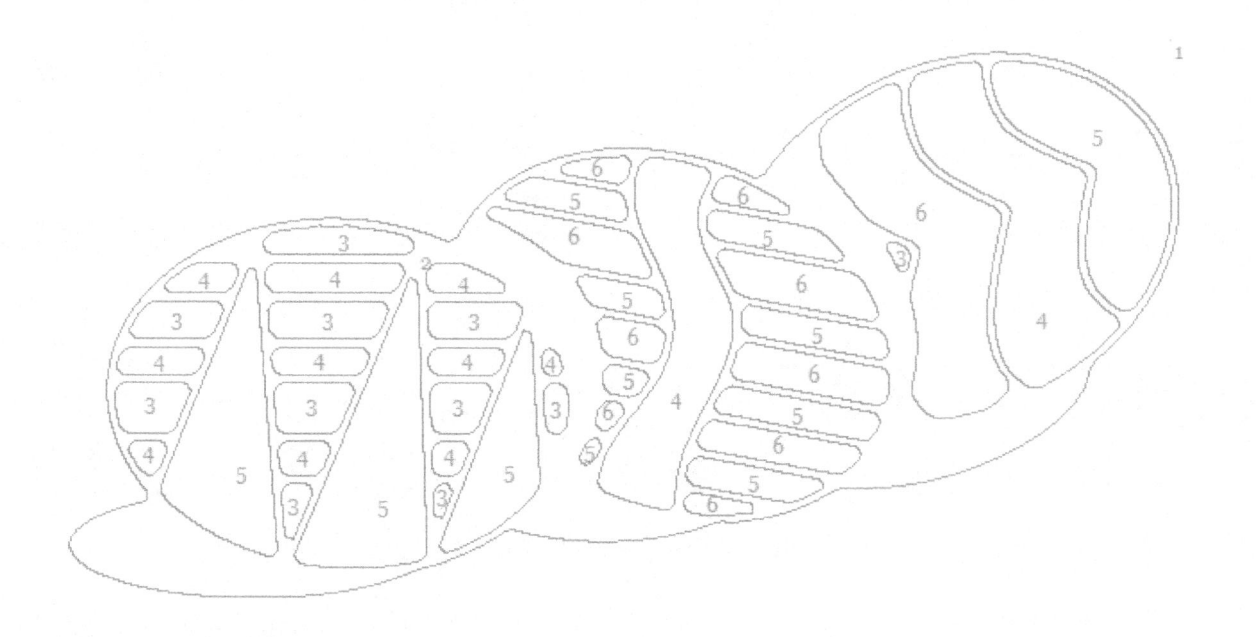

1 WHITE   **2 BLACK**   **3 PINK**
4 BLUE   **5 YELLOW**   **6 RED**

1 BLACK	2 BLUE	3 YELLOW
4 RED	5 PURPLE	6 WHITE

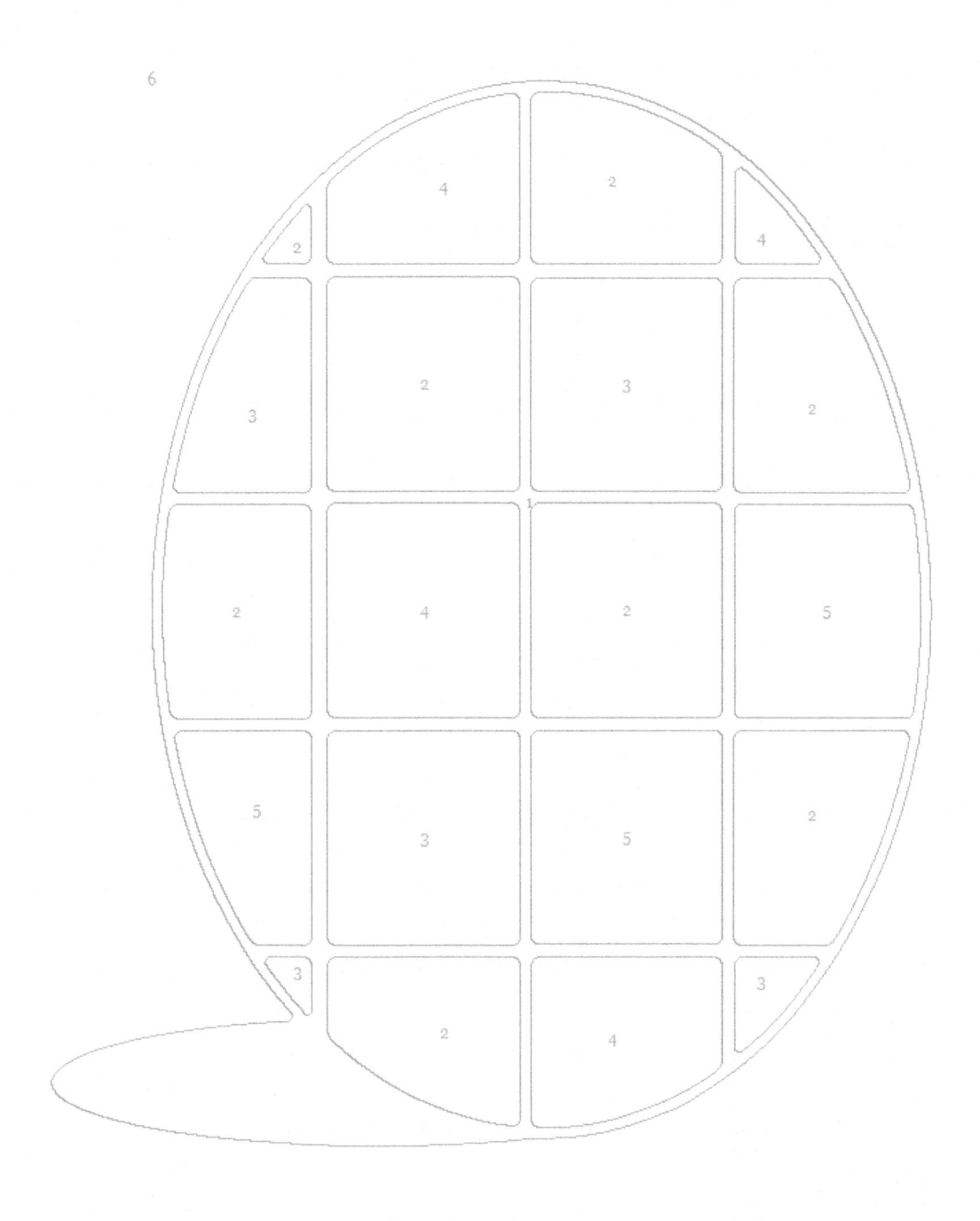

1 LIGHT BROWN   2 BROWN   3 BLACK   4 GREEN
5 YELLOW   6 GRAY   7 ORANGE

1 BROWN   **2 ORANGE**   **3 RED**   **4 PINK**   **5 YELLOW**
6 DARK BROWN   **7 GRAY**   **8 LIGHT YELLOW**   **9 WHITE**

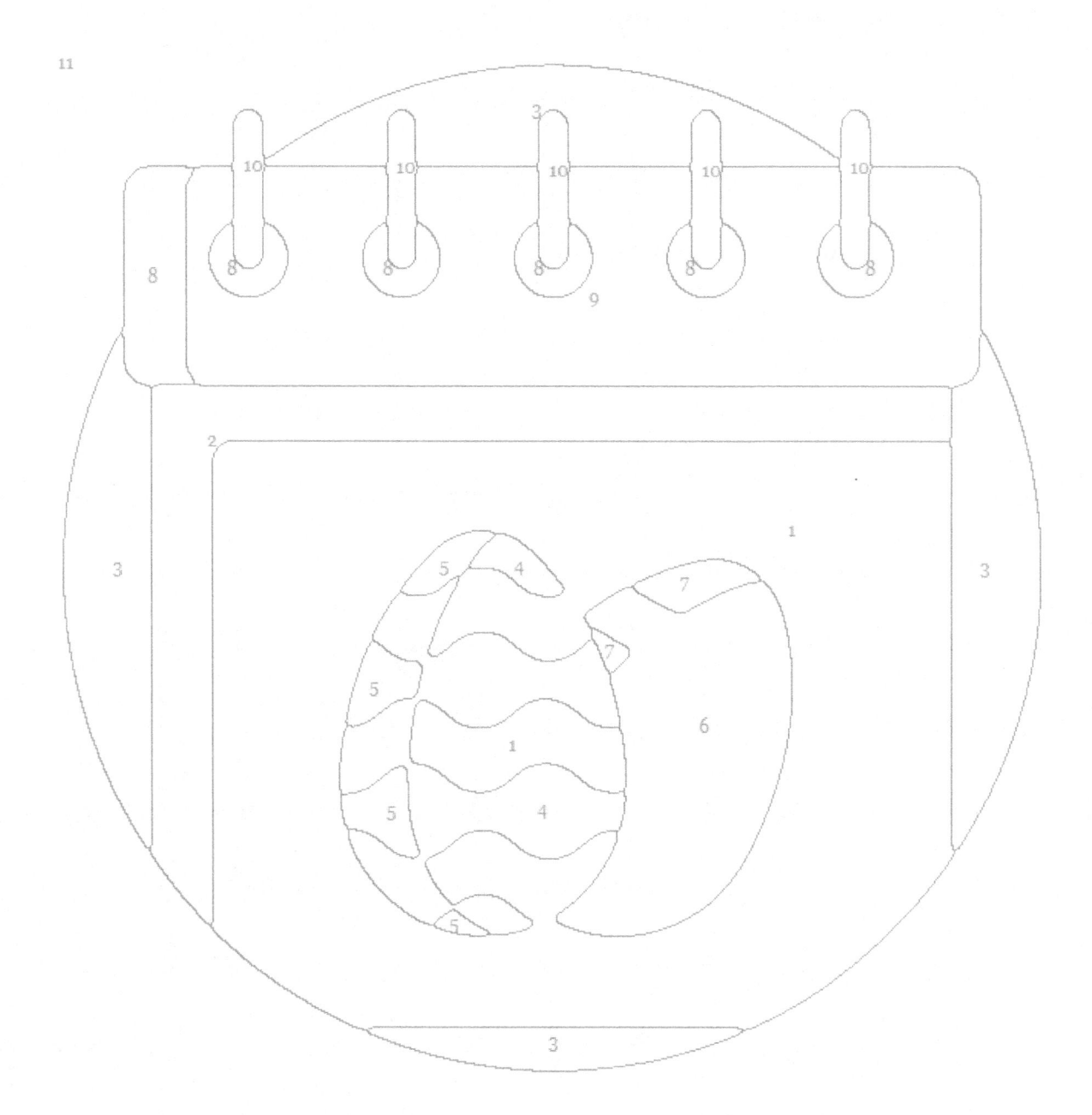

1 LIGHT PINK **2** PINK **3** GREEN **4** LIGHT BLUE
5 BLUE **6** YELLOW **7** ORANGE **8** RED
9 LIGHT RED **10** PURPLE **11** WHITE

1 BLACK   **2 YELLOW**   **3 PURPLE**   **4 LIGHT PURPLE**
5 BLUE   **6 PINK**   **7 LIGHT PINK**   **8 WHITE**

1 PURPLE   **2 LIGHT PURPLE**   **3 YELLOW**   **4 LIGHT YELLOW**
5 LIGHT PINK   **6 PINK**   **7 LIGHT GREEN**   **8 GREEN**
9 LIGHT BLUE   **10 BLUE**   **11 LIGHT BROWN**   **12 BROWN**
13 RED   **14 LIGHT RED**   **15 WHITE**   **16 BLACK**

1 BLACK   **2 BROWN**   **3 GRAY**   **4 GREEN**
5 YELLOW   **6 RED**   **7 WHITE**

1 BLACK   2 LIGHT BLUE   3 BLUE   4 GREEN
5 LIGHT GREEN   6 YELLOW   7 LIGHT YELLOW
8 RED   9 LIGHT RED   10 WHITE

1 LIGHT PINK **2 PINK** **3 LIGHT BLUE** **4 BLUE**
5 LIGHT YELLOW **6 YELLOW** **7 LIGHT BROWN** **8 BROWN**
9 WHITE **10 BLACK**

1 BLACK   **2 PURPLE**   **3 LIGHT PURPLE**   **4 GRAY**
5 LIGHT GRAY   **6 BLUE**   **7 LIGHT BLUE**   **8 YELLOW**
9 LIGHT YELLOW

1 PURPLE   **2 LIGHT PURPLE**   **3 LIGHT RED**
4 RED   **5 GRAY**   **6 GREEN**   **7 BROWN**

1 BLACK   **2 BLUE**   **3 YELLOW**
4 RED   **5 PINK**   **6 WHITE**

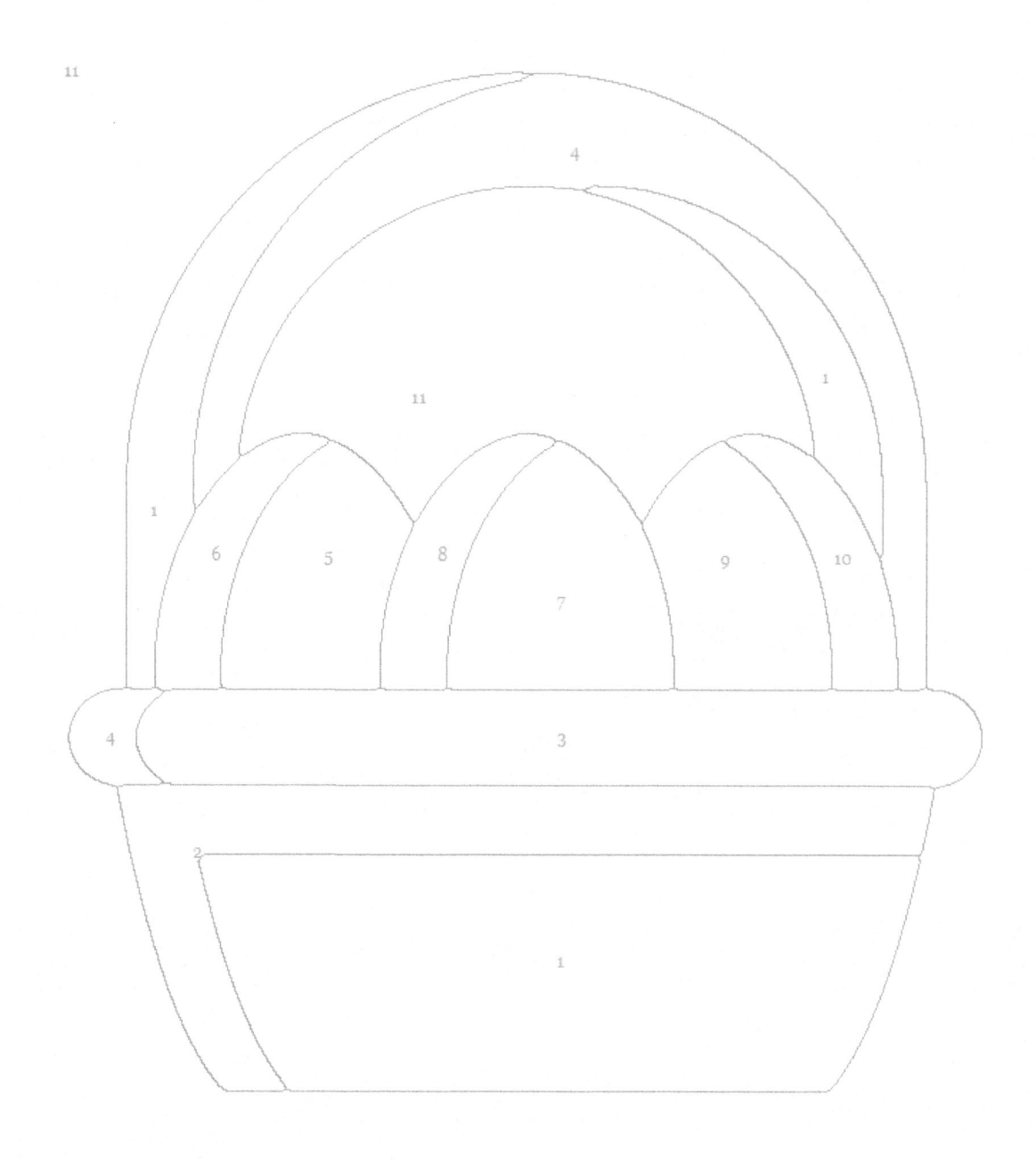

1 LIGHT ORANGE   2 ORANGE   3 LIGHT BROWN
4 BROWN   5 LIGHT PURPLE   6 PURPLE   7 LIGHT BLUE
8 BLUE   9 LIGHT GREEN   10 GREEN   11 WHITE

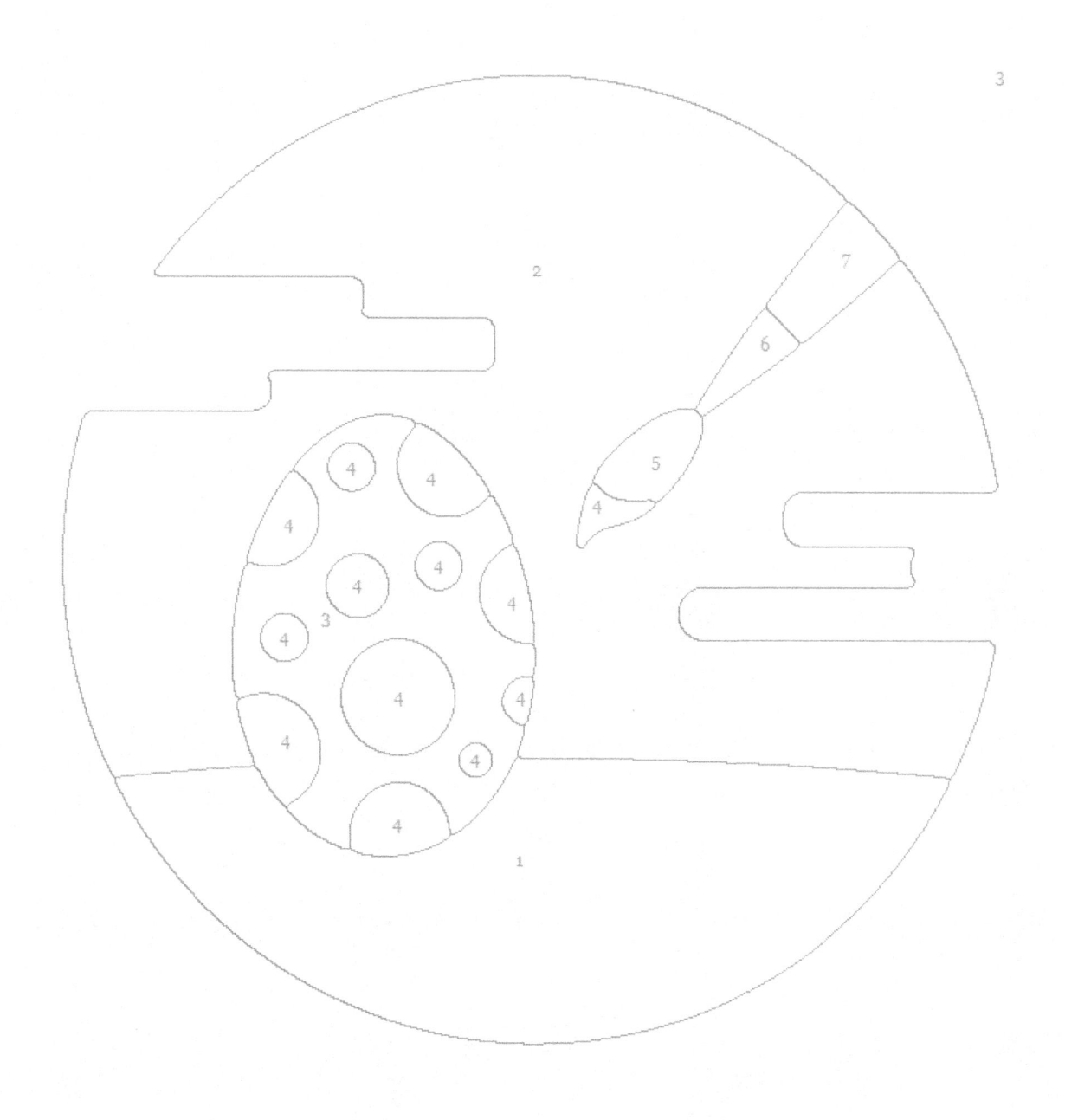

1 GREEN   **2 DARK BLUE**   **3 WHITE**   **4 RED**
5 GRAY   **6 LIGHT GRAY**   **7 LIGHT BLUE**

1 GREEN **2 DARK GREEN** **3 DARK YELLOW**
4 YELLOW **5 BROWN** **6 WHITE**

1 BLACK 2 DARK GRAY 3 GRAY 4 BLUE
5 LIGHT BLUE 6 LIGHT GREEN 7 GREEN
8 LIGHT PURPLE 9 PURPLE 10 WHITE

1 BLACK   2 DARK BROWN   3 BROWN   4 BLUE
5 GREEN   6 GRAY   7 YELLOW   8 WHITE

1 BLACK   **2 DARK PINK**   **3 PINK**   **4 YELLOW**
5 GREEN   **6 LIGHT GREEN**   **7 DARK YELLOW**
8 WHITE

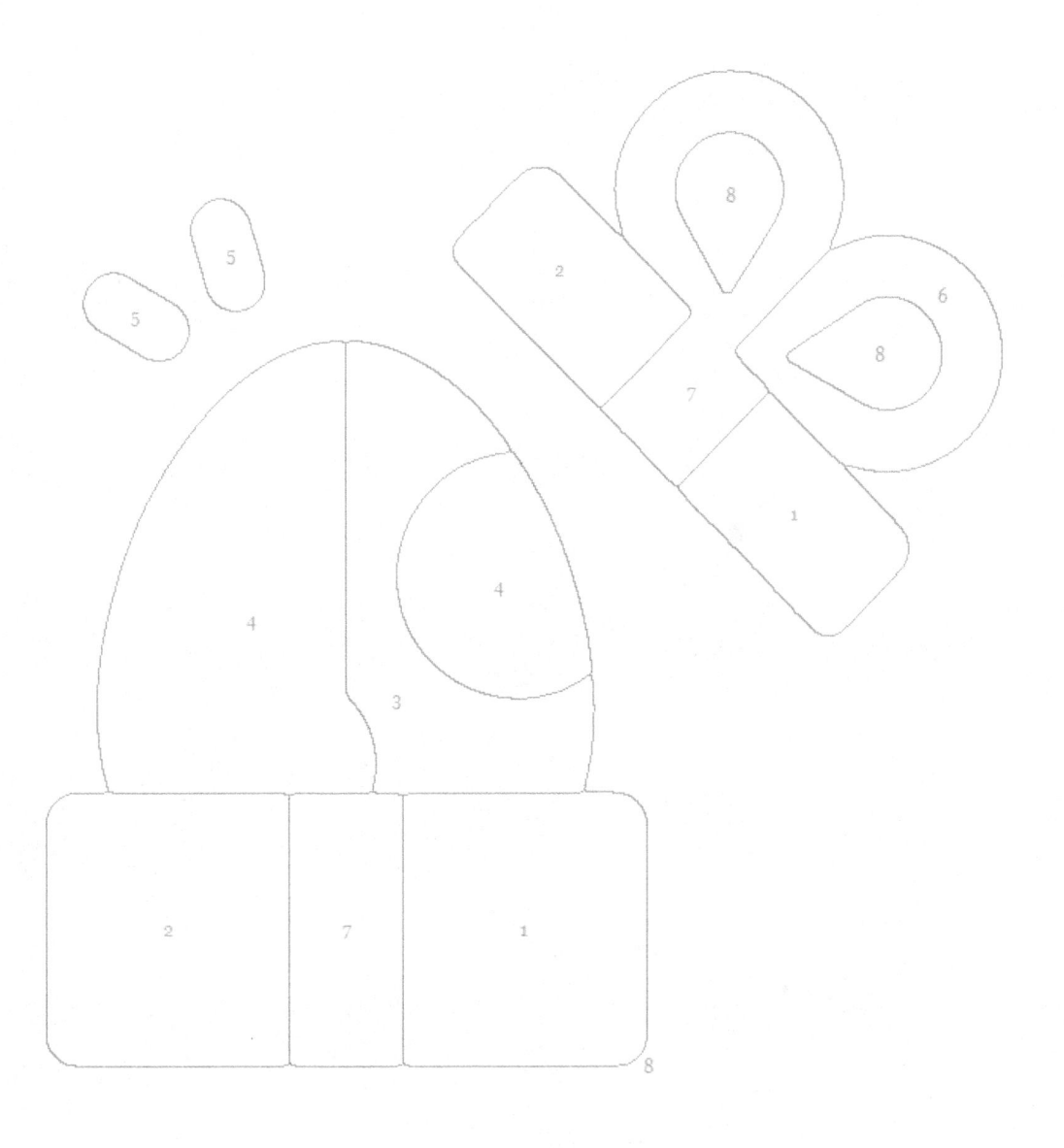

1 GREEN   **2 LIGHT GREEN**   **3 DARK YELLOW**   **4 YELLOW**
5 GRAY   **6 RED**   **7 PINK**   **8 WHITE**

1 BLACK **2 LIGHT BROWN** **3 BROWN** **4 LIGHT YELLOW**
5 GREEN **6 PINK** **7 YELLOW** **8 GRAY** **9 WHITE**

1 WHITE　　**2 LIGHT GRAY**　　**3 GRAY**　　**4 GREEN**
5 LIGHT GREEN　　**6 PINK**　　**7 LIGHT PINK**　　**8 YELLOW**
9 LIGHT YELLOW

1 DARK BROWN **2 BROWN** **3 GREEN** **4 LIGHT GREEN**
5 BLUE **6 LIGHT BLUE** **7 YELLOW** **8 DARK YELLOW**
9 WHITE

1 YELLOW   2 DARK YELLOW   3 PINK   4 DARK PINK
5 BLUE   6 LIGHT BLUE   7 WHITE

1 BLACK **2 BROWN** **3 GREEN**
4 PURPLE **5 PINK** **6 WHITE**

1 BLACK   **2 WHITE**   **3 LIGHT YELLOW**   **4 PINK**
5 LIGHT BLUE   **6 BLUE**   **7 YELLOW**

1 BROWN   2 LIGHT BROWN   3 PURPLE   4 PINK
5 YELLOW   6 BLACK   7 WHITE

1 WHITE   2 BLACK   3 BLUE   4 LIGHT BLUE
5 LIGHT PINK   6 PINK   7 DARK GREEN   8 GREEN

1 BLACK   **2 YELLOW**   **3 LIGHT YELLOW**   **4 PINK**
5 LIGHT PINK   **6 BROWN**   **7 LIGHT BROWN**   **8 WHITE**

1 WHITE **2 DARK ORANGE** **3 ORANGE** **4 DARK YELLOW**
5 YELLOW **6 PURPLE** **7 LIGHT PURPLE** **8 SKIN** **9 BLACK**

WHITE   LIGHT ORANGE   ORANGE   DARK YELLOW
YELLOW   PURPLE   LIGHT PURPLE   SKIN   BLACK

1 WHITE   **2 BLACK**   **3 LIGHT GREEN**   **4 GREEN**
5 LIGHT RED   **6 RED**   **7 YELLOW**   **8 LIGHT YELLOW**
9 BLUE   **10 LIGHT BLUE**   **11 BROWN**   **12 LIGHT BROWN**

1 BLACK **2 GREEN** **3 RED** **4 BLUE**
5 YELLOW **6 BROWN** **7 WHITE**

Copyright ©2022

All rights reserved.
No part of this publication
may be reproduced,
distributed or transmitted
in any form or by any means
including photocopying,
recording or mechanical methods,
without
the prior written
permission of the publisher,
except in the case
of brief quotations
embodied in critical reviews
and certain other
non commercial uses permitted
by copyright law.

Made in the USA
Monee, IL
15 March 2025